EN DONDE LAS VOCES SE ESCONDEN

Katherine Mera Pereira

EDIQUID

EN DONDE LAS VOCES SE ESCONDEN
© Katherine Mera Pereira

Editado por: Corporación Ígneo, S.A.C.
para su sello editorial Ediquid
Av. Arequipa 185 1380, Urb. Santa Beatriz. Lima, Perú
Primera edición, setiembre, 2022

ISBN: 978-612-5078-35-3
Tiraje: 50 ejemplares

Hecho el Depósito Legal en la Biblioteca Nacional del Perú N° 2022-05834
Se terminó de imprimir en setiembre de 2022 en:
ALEPH IMPRESIONES SRL
Jr. Risso Nro. 580 Lince, Lima

www.grupoigneo.com
Correo electrónico: contacto@grupoigneo.com
Facebook: Grupo Ígneo | Twitter: @editorialigneo | Instagram: @grupoigneo

Diseño de portada: Sebastián Zalamea Mera
Adaptación de portada: Mariana Barrientos
Fotografía de contraportada: Pablo Corral Vega
Diseño de caligramas: Sofía Zalamea Mera
Corrección: Rosa Arévalo
Diagramación: Gisela Toledo

Colección: Nuevas Voces

Índice de contenido

Caminando sobre letras movedizas,
al son del repique de los rayos marinos de tus párpados,
lugar en el que las gotas de las sombras me sacuden.
A Sofí y Sebas, mis hijos.

Kathe escribe para no morir

La poesía es sinónimo de nostalgia. Se alimenta de ella hasta confundirse; hasta convertirse en una misma cosa con los duelos, las pérdidas, los caminos extraviados, los deseos imposibles; hasta encarnarse en un futuro incompleto, en el que los que amamos ya no están.

La poesía de Kathe Mera Pereira nos invita a descaminarnos en sus vericuetos, en sus laberintos, en sus uróboros: ¿dónde está el comienzo y dónde el fin? Aquello que puede parecer una reflexión inútil es en verdad el corazón de todos los misterios. ¿Es la muerte un comienzo? Si consideramos la aridez del universo, despojado este de toda algarabía, de todo afecto, de todo trino, de todo juego…, tal vez sea la muerte, en verdad, el estado natural de las cosas, y la vida una excepción casi imposible, un acontecimiento tan improbable como precioso en el infinito estelar.

En los caligramas, en los poemas, en la prosa de Kathe, hay una obsesión por la muerte. La muerte está siempre presente. La muerte nos coquetea, nos invita a recibir presurosos la nada. Hay también una lujuria militante que nos rescata de esa misma nada, que nos trae al aquí y al ahora, como receta poderosa para espantar el frío y el silencio cósmico.

La obsesión de Kathe por la muerte, más que nihilismo, es en realidad una pulsión potente de vida. Una vida que ES, a pesar de todo; que no claudica ni en los momentos más devastadores…

No te reaniman, no hay pulso, ni vaho.
el galeno de turno anuncia rigor mortis…
No hay hechizo, ni poder que te quite ese frío dulce
solo puedo besar tu frente y soltar tu mano.

¿Ante el silencio brutal, frío, huesudo, existe otra opción que soltar la mano? Soltamos la mano para no morir junto al amado, a la amada. Y sin embargo, morimos, lo hacemos repetidas veces: se nos hiela el alma, perdemos toda motivación y sentido; se nos muere la alegría y ansiamos el misterio, el frío, la ausencia.

Este poemario es un humanísimo viaje a la desazón, al misterio, al silencio devastador. Como en la vida, no logramos entender. La poesía de Kathe apenas revela las sombras en una pantalla inerte, el fuego interior que juega con los objetos de nuestro pasado, a veces proyectando su vacío en un teatro chino de sombras, a veces quemando todo y dejando vestigios, cenizas de lo que fuimos.

Hablo en plural porque cuando leo a Kathe no solo veo sus vericuetos, sus laberintos, sus tribulaciones, sino que reavivo la memoria de los míos.

La poesía, cuando es verdadera, tiene un carácter universal, nos conmueve a todos. No es un *selfie* compulsivo, no es un catálogo de dolores individuales, no es una vitrina de desconsuelos.

Kathe escribe para no morir. Nos recuerda que, en el misterio compartido de la muerte, en esa vulnerabilidad esencial que nos hermana, está la fuente de toda filosofía, de toda poesía, de todo afecto, de toda historia.

La muerte es el negativo perfecto del amor. Nos duele porque mucho e intensamente hemos amado… El dolor es proporcional al amor y significa que hemos soñado, que hemos temido, que hemos dolido, que hemos reído. Gracias a ese dolor, sabemos que mucho e intensamente hemos vivido. ¡Ese bello dolor!

Preciosa Kathe, amiga que ríe gozosa en el placer, amiga de las palabras dulces, amiga de la honestidad, de la libertad, les deseo a tus palabras una vida a pesar de todo, una vida insistente y terca. Y que aquellos que las lean, se dejen tocar por ellas como me han tocado a mí. En el corazón. En el alma. En el misterio.

Pablo Corral Vega

Quito, enero 2 de 2022

Leer la poesía de Katherine Mera Pereira

Leer la poesía de Katherine Mera Pereira es una invitación a un largo viaje por los sinuosos caminos del alma. En realidad, la lectura de su potente lírica tiene la virtud de convertir al lector en una suerte de explorador que se aventura por esos territorios misteriosos, a veces indescifrables, de las interioridades humanas. No falta, pues, el drama de esa lucha con «la bestia que me habita». Detrás de cada línea de sus composiciones poéticas yace una revelación íntima y exclusiva de años de vivencias y de bien trabajada madurez. Lejos de haber superficialidad, frases hechas y estereotipos, lo que rezuma su literatura son experiencias vitales y años de luchas.

De entre las muchas cosas que se pueden apreciar en esta colección de poemas está su alto grado de sensibilidad. Cada frase resulta ser una suerte de construcción hecha con base en fuertes materiales sentimentales. En un momento dado es posible distinguir sutiles y secretas notas de sufrimiento, y viejos desencantos; pero también optimismo y alegría. Si algo hay en su poesía es honestidad, transparencia y todo un cúmulo de autenticidades que tienen un efecto conmovedor y movilizador en quienes nos hemos adentrado en su lectura. De alguna manera podemos decir que su lírica es una especie de confesión, un sinceramiento en toda regla, tanto con la vida como consigo misma. Si bien deja en evidencia su intimismo y sus experiencias netamente personales, no es menos cierto es que hay veces en las que el lector puede reconocerse en sus versos y conectar con la autora. Hay, pues, vínculos transversales que permiten que el público se identifique con las vivencias narradas.

Desde luego que hay que destacar el manejo especialmente diestro del idioma. Hay sobriedad, pero a la vez hay mucha plasticidad y frescura que se traducen en acertadas metáforas y en bellas imágenes que hacen de la lectura un deleite y un motivo de reflexión. La autora no deja de rememorar vivencias de su pasado, vivencias de lo cotidiano. Ahí si no ese bello tropo que describe al río Guayas. «No intuía el sosiego de un río y que el mar tenía brazos». Se lee fácilmente, no hay tropos farragosos y el juego de palabras imprime frescura al texto poético. Sin lugar a duda, los lectores encontrarán en estos versos y en estas recreaciones poéticas eso que es muy típico de las esferas de lo mitológico: interpretaciones sin fin que invitan a nuevas relecturas.

A medida que uno se adentra en la poesía de Katherine, siempre logra encontrar algo nuevo. Ciertamente, la lectura de este libro difícilmente va a dejar indiferente a alguien.

Fernando Hidalgo Nistri
Alemania, 26 de octubre de 2021

Uróboros

Las luciérnagas de Alejandra

Con versos de Alejandra Pizarnik.

Pude ser *pétalos* de azahares,
pequeñas poluciones en los atardeceres
de Puerto de Mar del Plata (*tus alas*)

Una barca borracha que navega
en tus *copitas de vino agrio* (*tu razón*)

Soy el corazón de un pájaro rojo
que no le teme al tiempo ni al fuego,
un camino de rosas pitiminí (*tu vida*)

El jardín en el que sembré mi pudor (*tu cuerpo*)
Una charca de cocuyos apareándose (*tu rostro*)

El día en el que la vergüenza emigró despavorida (*tu vaivén*)
tus *ojos el infinito* vértigo de las sombras.

Constelación

No son tatuajes las líneas que ocupan mi piel, son gatos púrpuras seduciendo pigmentos. Llueven en la tinta de las estrofas desparramadas por la tormenta de mis pulmones, solo es de mis ojos, se esconden en la sombra del lápiz verde y los ahuyenta como ave depredadora. Pretenden que los cobije en las páginas de mis pulmones, en las letras que respiro. Se alimentan de desastres afelpados, plegados como moho en las paredes de mi espalda. Crecen en agujeros blancos, anidando en las conexiones nerviosas de mi consciente, pariendo constelaciones en mi brújula descompuesta.

Tatuajes

Me siento pequeñita, magullas mi alma, descerrajas mi memoria, menosprecias mi ternura.
Me vuelvo frágil, cortas mis alas me devastas.
No me grites, tus rugidos me atestan de: dolor, desprecio, me dañas.

Esa tarde hablamos de una gata: celeste, mágica y suertuda

Huraño no es el gato. Nosotros, los desconectados de las neuropatías del cosmos: quien ha amado a un gato sabe de su sortilegio. Los gatos son delicados y sensuales, puedo deleitarme por horas admirando su caminar y, por supuesto, caen parados.

… mi gata se asoma a la ventana, espera verte entre la niebla muda del verano y se hace ovillo en mi pecho, como si se arrullara en tu remembranza. Ella ronronea en la esquina tibia de tus páramos, se pasea por tu sombra maullando a tus versos estampados en el fresco cemento de 6th Ave y Broome St.

Cuando la luz toca la ventana del piso 47, mi gata te dibuja con el polvillo de los escombros de un bosque de lujuria, a tientas de un oso casi azul que vegeta en mi alma y, de vez en cuando, danza a la sombra de siete soles, se disfraza de ternura en equinoccios menguantes faltos de luminiscencia y se oculta a la sombra de la gata.

Sabes que yo no tengo una gata…

Diagnóstico viral

El teléfono casi muerto me notifica que un infarto al pericardio te revivió. No sé si *Estrella de la Mañana* te trae de vuelta. Amputado de cavas, aceitunas y quesos maduros que ya te negaron en la dieta blanda de habitar. Un hígado graso y una aterosclerosis te forzaron a tragar la vanidad. Negada la vida bohemia en tu automóvil, en el que no se puede escuchar *rock*, porque un ser del inframundo no puede posar su tímpano en el asiento de cuero original. Tu Ferrari.

Tan vano y lleno de agujeros foscos, caminas frío, casi mórbido, por las aceras de Rue de l'Abreuvoir, así como una abeja poliniza las hiedras de la «Casa Rosa» en Montmartre vas con tu sombrero vaquero, con el que nunca un equino te dejó cabalgar. ¿Y yo? Voy atontada arrastrada de tu mano, por insensatez.

Tuve el disgusto de conocerte en un garaje; pontificabas sobre el horizonte místico de Lasserré, en el verano de 1990. No fuimos a acampar, pero cuando se abrió el techo pudimos ver un concierto de estrellas en rima. El cielo de París. Un bocado de pato y una Michelin seducían mi paladar cuando Latinoamérica y el viejo mundo se unieron en la espesura de una laguna, salivando un aguaje con aroma a tamarindo y regaliz.

No sé cómo amé tu puerilidad, quizá fui mártir de un desgastado clóset adquirido en Champs-Élysées. Nuestro precario, pero dilatado romance fue como el tráfico de Rue de Rivoli o como el deslizar de la palanca de un baño público con el codo para no llenar de gérmenes el corazón. Padecíamos frivolidad.

Migajas

Sobre polvareda de galaxias yace mi cuerpo, reducido al mutismo de mi miseria

Desfilan sombras, cada una asienta una piedra sobre mi esqueleto, librando su impuesto

de subsistencia

Consciente de las almas enfrascadas en esas pieles que arrastran desconsuelos y albures,

no opté por ser su fiduciario.

La brisa ha atestado mis conexiones nerviosas con los textos de la antigua lengua.
El péndulo de la eternidad ha sembrado semillas de misericordia en mis extremidades. Me han brotado flores serenas. El llanto de las nubes ha germinado en mi fosa soles que guían en la sombra a los marinos de artilugios recosidos. Me ha nacido césped de coral aterciopelado.

Los transeúntes se detienen hundidos en misericordia de la putrefacción de mis ojos, en los pesares de mi súcubo rostro, beben de mis cabellos manantiales de hidromiel. Aquí sigo cual mártir, con los párpados abiertos, dando tiempo a las ambiciones, a que llegues a mi lecho acicalada de ropaje fosco y me saborees en burbujas de cava madura.

Deidad de mis efemérides, rescata mi espíritu con las letras que brotan de tu verdosa cabellera. Redime mi dermis de este morcuero de éter punzante, que las olas golpean los sonidos de tus extintos.

Laxo tu apego, me inhumo con el peso de tu aparente apetito. Coronas transitan sobre mi cuerpo necio. Ya no se acuerdan de la ofrenda, de las flores, de los versos, de la lástima compasiva. Mis párpados siguen abiertos.

La palma de tu mano

Para Arturo Mera C.

«No te reaniman, no hay pulso, ni vaho.
el galeno de turno anuncia rigor mortis...
No hay hechizo, ni poder que te quite ese frío dulce
solo puedo besar tu frente y soltar tu mano».

Fuimos al cine, todo era tenebroso. Tu mano envolvió mis enredadas falanges ante mi aprensión por el inclinado suelo; mis rojos zapatos de charol daban pasitos de confianza, ellos sabían que no me dejarías caer. La misma sensación advertí el día en que la boca gigante de la tierra pretendió devorarme con sus colmillos de coralina y su lengua espumosa reventando en el Pacífico.

Grandes pétalos caían del techo y mis cortas piernas no podían tocar el suelo, la butaca de cuerina color vino me engullía. Detuviste la banca para que viéramos otro horizonte en colores gigantes. En el mar contemplé el primer atardecer naranja, cuando mi diminuta palma descifraba las líneas de tus huellas, descubriendo que parte de tu andar sería el mío.

Mi emoción de ver, por primera vez, el Manso Guayas fue como encontrar un mar diferente. Las arterias de mi Cuenca se mostraban bravas, no intuía el sosiego de un río y que el mar tenía brazos. Volví a sentir mariposas en medio de una muchedumbre, en un fin de año en Times Square: pantallas y luces de mil formas en un derroche de rubores del cielo neoyorquino, y yo, en mis quince, aún caminaba de tu mano, tal vez en un sueño.

En las líneas de las palmas de papá descubrí extraordinarios relámpagos de tiempo.

Sum mortuus

Las bailarinas se arrancan las uñas del pie,
¿qué se arrancan los poetas?,
¿pueden escribir sin arrancarse algo?
Sean Salas

Tomé el calibre 48, retiré el silenciador, quería un final estrepitoso.
El espejo quedó marcado con la *boca de carga* y ella vomitó las
consonantes atrancadas en la faringe,
por la *boca de fuego* se desperdigaba la niebla, en una sordina ra-
jada por sus plaquetas,
su ceño tiene la cara que esconde la noche, sus pupilas se fijan en
las mías, aullando secretos:

oratio

orantes

Juntas planeamos sepultar mi cardio latiente: en el nido de un
ave de rapiña o en el degolladero de un volcán.
Hago antesala y finjo que nada ocurre. Para aliviar mi pifia me
repito: «*Es un extinto más en la larga lista de los desaparecidos*».
Los colores del cielo han muerto, me arrastro hasta la huerta, ahí
está mi despojo esperando que alguien lo recoja.
Debo amordazarla, sabe demasiado de mí. Sus estrellas arañan
mi dermis, se agazapan en la negrura de mis rizos.
La entierro bajo las bromelias blancas…
Mamá se pregunta por qué los nuevos retoños han salido ama-
rillos y son alados.
Y yo, yo no he vuelto a amar.

Pupilas mentirosas

Con versos de Jorge Boccanera.

Pinta mis auroras de tinta vino azul, matiza mis sábanas con mimos de añil claro.

Cuando nos besamos trituramos un ángel de alas sombrías.

¿Cómo dominar el cuerpo ante sus penachos negros?

Tal como contener las ganas ante el lapislázuli con el que traza, en mis neuronas, universos, con sus tórridas manos.

Nuestro caos índigo se tornó violeta, descolorido intenso, de matices bergamota, medio mandarina, sí: en tonos ocre, naranja, como si hubiese teñido mi fragancia con otro matiz. Cada diana se tornó en rojo esquivo, *como los poetas mentirosos, queremos hacer poesía*, como niebla que desató en tierras extrañas, embuste de tu rostro querube, ojos de intenciones alevosas, sonrisa de Vía Láctea, casi tan falsa como flor de un día.

Nos seducimos entre marinos tifón de horas topacio, somos los extranjeros en este lugar que fue nuestro, inundado de amaneceres carmesí turbio.

Gota a gota, roe mis postigos con esta lluvia, somos dos forasteros, en una cama fría.

me abrazo gris a mi almohada.

¡Te sienta este duelo!

Achiyaku

Al día en que yo muera.

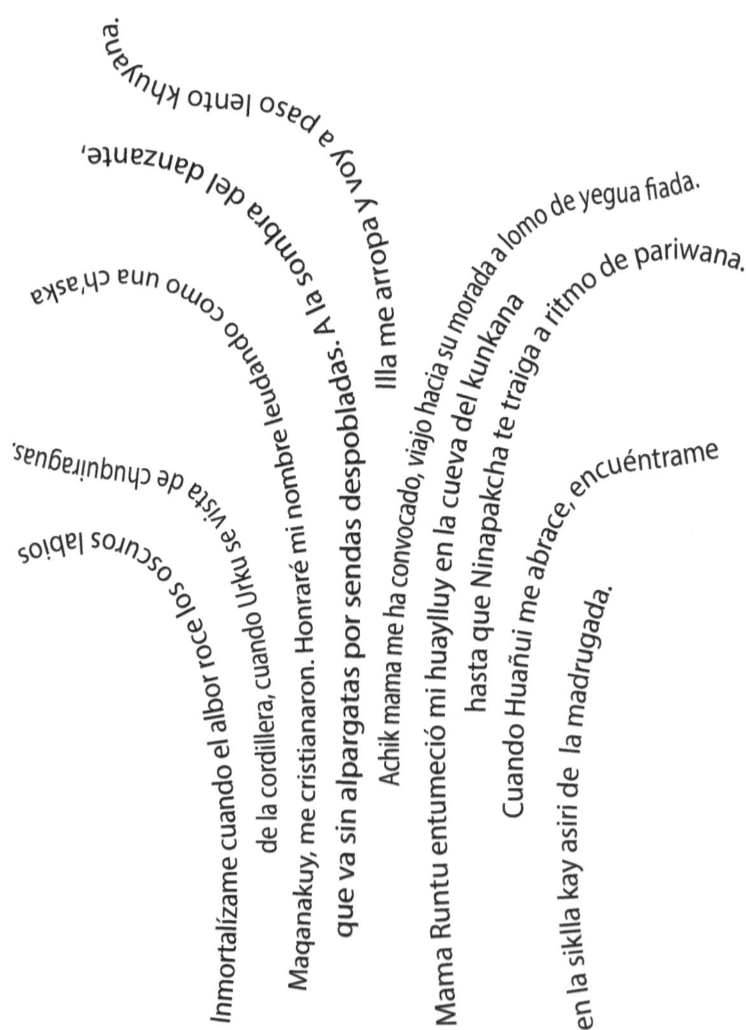

Hablado de bestias

Ese *oso celeste* que vegetaba en mi alma,
danzaba a la sombra de siete dianas
se disfrazó de liebre y se oculta entre en las larvas de mi
sinapsis,
afila sus garras en mi epicardio y me hace cosquillas sinuosas.

Aún navegan átomos de océanos apocalípticos en mis mejillas,
brotan tempestades de peonías en las cuencas de mis pupilas
ocres.

Yanuncay

Corríamos entre el maizal,
buscando estrellas azabaches
en las pupilas del capulí,
trepando nuestras yemas por sus ramas.
Nos amamantó la higuera,
en esa chacra esparcimos pecados
descalzos, mimamos la cebada
y bordamos las raíces de las papas.
Cosechamos milagros.

Y... ¿si nos escapamos?
Te invito a descorchar estrellas.

La prosa que no me atreví a declamar

Te quiero como para ir a los lugares que más frecuento,
y contarte que es ahí donde me siento a pensar en ti.

Jaime Sabines

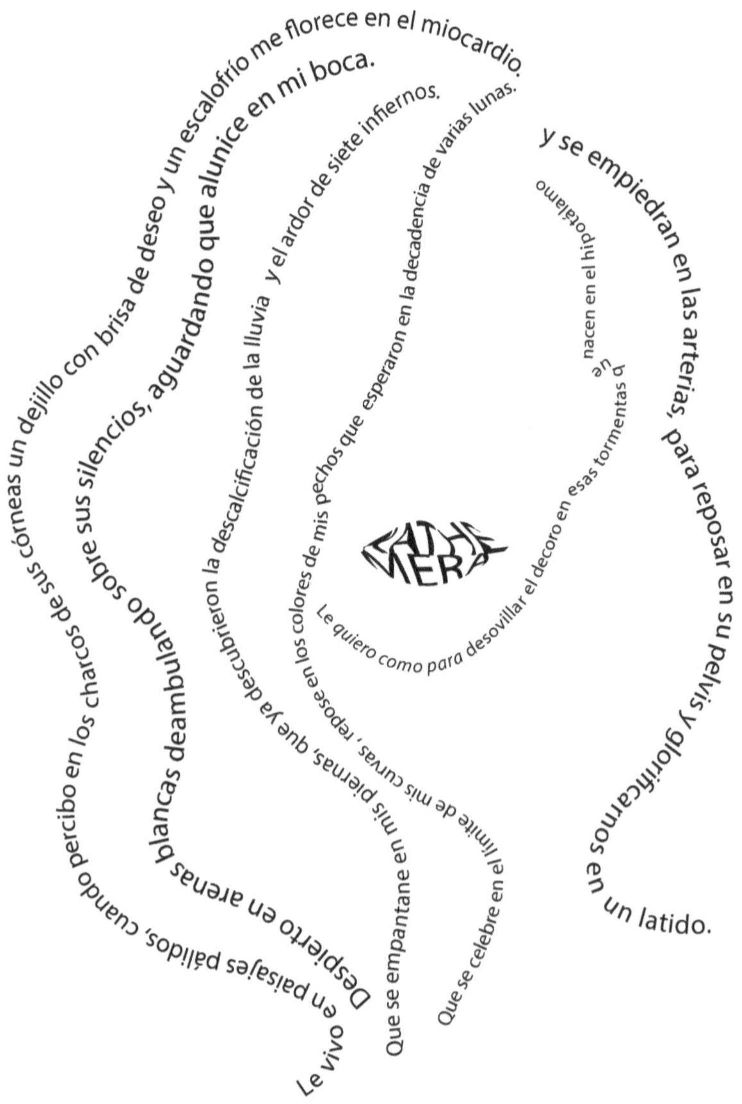

Síndrome de Estocolmo

A dos metros de distancia miro sus manos,
mi piel se encandila a la velocidad de sus largos dedos.
180 km por hora no son suficientes para detener el pudor.

Puedo sentir cada glóbulo blanco ardiendo en mis arterias.
Me aterra que escuche mi respiración palpitante,
que se note la convulsión en mi cuerpo.
Olas gigantes chocan en mi abdomen
como si su lengua repasara mi ombligo.

Usted ya percibió mi arrebato,
no puedo frenar a raya mis pensamientos,
casi siento sus dedos abriéndose paso por mis caderas.
Su mirada me dice mucho más de lo que siento;
sí tan solo usted pudiera detener la lascivia en su mirada,
yo dejaría de pensar en el olor de su cuello,
dejaría de saborear la sal de sus pliegues.

Si tan solo con ver sus manos me desequilibro,
su boca podría confinarme a la demencia,
¡A doscientos centímetros y usted me prende en su liviandad!

Puedo confesar amor

Tú me llamas, amor, y yo cojo un taxi, cruzo
la desmedida realidad de febrero por verte.
Luis García Montero

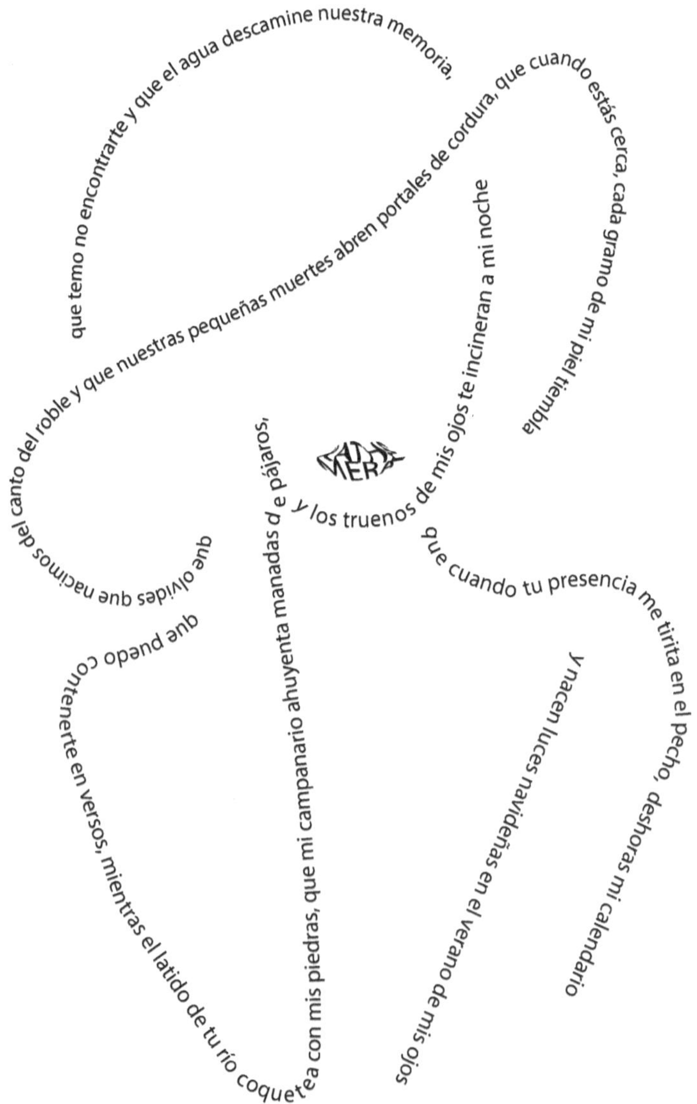

Las sinapsis de Dios

Cuando el alba se despereza en el hipotálamo,
estática por cinco minutos, respira,
se arropa en los brazos de Dios.
¿Su hija más irreverente? ¿O la más majadera?
y aun así, ÉL le abraza en un rincón de amor,
se regocija en los ojos de una estrella fugaz…
… su sonrisa.

Incertidumbres vistiéndose de mar
flotan como luciérnagas en un raudal de estrellas marinas
pesca en su luz, la respuesta a su plegaria.
Demanda señales:
que le garabateen en el espejo del mar su nombre
o que encuentre en una chispa de infinito en sus ojos.

Nido de mis azules

A mi madre Nelly.

Siempre vuelo al lugar de memorias y aromas
a esos pasillos de carcajadas y travesuras
a esos muros que me vieron retoñar,
en los que guardé mis malas calificaciones
y suspiré por amores arcoíris.
Siempre regreso a casa henchida de gozo,
portones enormes me abren el corazón.

Aquellos fantasmas que no aterran
se asoman a la ventana para celebrar:
a los amigos con los que invocamos al amor bueno,
a la familia reunida en soplos de tiempo,
cuando la música fue escándalo,
risas y algarabía color naranja,
o cuando la sala se llenó de rosas y lamentos,
y estuvimos ahí juntos, para bailar
o despedirnos de nuestros muertos.

Hay una cama que me aguarda
me envuelve mansamente
puedo lloriquear en su almohadón
o es mi alcahueta cuando te nombro despierta.

Es ese lugar donde me siento segura,
donde puedo volver a la inocencia,
donde no existen los insomnios,
donde papá y mamá me protegen,
soy engreída.

En sus jardines vuelvo a soñar
con dragones de brillantes colores
aleteando, regresan como yo,
por el néctar y las flores de la salvia,
por la sombra de esos árboles
donde sembré mis sueños,
donde espigué mis ilusiones.

Cuando un colibrí
se posa en mis ramas
es buen augurio de tiempo,
o son mis ancestros
hablando de afectos perpetuos.

Es el lugar en el que mis pies
echaron raíces,
el lugar en el que siempre, siempre,
me vuelvo a reinventar
a leudar como hogaza,
a crear, a caminar
y vuelvo a alzar vuelo.

Tweet

Tenía dos cosas en la vida:
un revolver para defenderse
de los hombres y un acordeón,
porque no concebía la vida
sin música.
Pablo Corral Vega

En el chat:

¿De qué color es el amor para usted?

Mientras esperaba la respuesta, posteé:

> Y, si su respuesta fuera
> azul…
> Yo le esperaba, cielo.
> #DeLaEdadDeLaTernura
> 20:02 · 21/2/17 · Twitter

¿Se puede querer desde el abismo? Amé el cuarto menguante de su sonrisa y sus chispeantes ojos felinos. Volví a mi cadena genética gracias al hombre que ocupaba el otro lado de la pantalla. No lo vi con ojos de lujuria, me quedé en la afonía de mi culpabilidad. Él rompió los tabiques de mi crueldad, coqueteó con mi irreverencia, mi falta de vergüenza y el atolondrado grafiti de mi existir.

(Él es marino como la felicidad, tiene la cálida inocencia de un serafín que *juega con el polvillo que entra por la ventana*, con la luz, hace arte. Fue Isaura quien salvó al Pablo prematuro).

Desde la primera letra me abrazó con afecto, atravesándome con la transparencia del almizcle de su voz, en su magia no hallé el depredador que buscaba en la red, choqué con una estrella fugaz. Me regaló un ponchito índigo que conforta la esterilidad de mi páramo.

Él me respondió:

Azul.

De mares, soles, cielos y azules

A Sofí y Sebas.

Cómo se aprende a caminar
a lavar la ropa
a trenzar bufandas para no perder la voz,
a tejer cobijas para no perderte a vos.

El mar enjuaga miserias de quien perdió su hilo,
ampara las penas de quien vive en soledad
en antagónicos nubarrones que coagulan el alma
que reinventan labios mustios a estíos ardientes.

Esos azules nos seducen en bodas ajenas
y soñamos en mieles de lunas que evocan al sarcasmo, a la
muerte,
he atrancado la puerta de mi morada con una cruz dantesca,
invocando al alba que me recompense con tu añil marino,
azulino.

Que la extremaunción nos regrese el ímpetu
de índigos y charcos, de astros y soledades,
de santos y madres Teresas
que supliquen por nosotros y nos engulla la ternura.

Pasaje de retorno

Estoy aquí, de paso, y vengo de donde el río protesta contra las
piedras
y las piedras se visten refinadas de musgo; de donde los árboles
crecen sin miedo y sus raíces ciñen sueños.
Las ruedas giran y no me llevaré nada, tomaré el conocimiento
de lo vivido, aunque en cada minuto me apague.

Vengo de donde los cocuyos son universos fugaces y las
hacendosas hormigas son las únicas que trabajan, que una abeja
me zumbe al oído, me avive, me reivindique.
Vengo de donde el pan urge a la leña y se comparte con los
sirvientes. Aroma de mi llacta, café aceitunado corre en mis
venas, se destila por mis poros.

Vengo de donde se canta con gallardía y afecto, de la tierra
abrazada por cuatro ríos,
de montañas verdiamarillas y vaquitas, me regalan nata ¡manjar
divino!,
de donde las palabras suenan bonitas y los colores de las
polleras son mosaico.

Vengo de donde venimos todos, del útero de la madre tierra,
matriz del Dador de vida
de donde los óleos santos y los siete sacramentos me
excomulgarían por hereje.

El sol de mi Quito se hizo chiquito

Las piedras cobran vida
y la sangre se dispersa en los adoquines
una pequeña indígena cura del espanto a su muñeca,
las mujeres derraman oro de su lactancia
una anciana recorre su camino, descalza,
le hurtaron los sueños, grita que los restituyan para sus nietos,
lanza una roca y los chapas despilfarran lacrimógenas.
Mi corazón se acurruca en esos ojos,
esos en los que vi por primera vez
un regocijo honesto al entregarme su pan,
pan al que renunció su hambre,
pan con el que pagó su salud.
El miedo nos chupa la calma,
los curuchupas bajo las faldas de sus culpas,
nos atraparon en las ventanas con *mama cuchara* en mano
y el sartén en el que se cuecen los huevos,
y las tapas de las ollas que llevan las recetas de la abuela.
«¡¡¡No más opresión!!! —abuchea la plebe—. ¡¡¡Paz, señor
presidente!!!».

Pluma de ángel

Sus
ojos
dicen
todo,
todo
lo
que
su
garganta
calla,
todo
lo
que
su
tímida
sonrisa
delata,
todo
lo
que
su
infancia
no
alcanza
a
gritar…

… y así, me encanta.

Puertos desolados

Huellas de amores menguan en esta orilla
soledad agazapada en caracolas cuando sube la marea
olas que explotan limpiando piezas viras
besos furtivos de sábanas ligeras,
gaviotas y pelícanos atrapan mis desdichas
mi océano evoca un bucanero,
que encalle este puerto,
que se enamore de las ondas de mi cabellera,
que condimente su vida con el aire sal de mis sombras
y que se quede por siempre ancorado en las nigromancías de
mi playa.

En esta arena desierta
pesco huellas de unos pies descalzos,
no llevan arenas de otras costas,
pisadas finas, inmaculadas, de color ternura
de apariencia inocente.

Parida por el Pacífico

Deliro en adjetivos de otros océanos
me identifico en éteres diferentes,
en rimas que no descubro
tan parejas y disparejas a las mías.

Mito de canción de sirenas,
himno sordo, miope
en el que soy la nota que desafina
o la clave de sol que se cayó del pentagrama.

Repaso mi travesía, ya no me hallo tan indefinida
me encuentro con hombres y mujeres de manías semejantes.
Mis pasos saben a dónde ir,
son mis ideas las que no encuentran ese punto cardinal
bastante desatinadas y poco convencionales
no van con esta época ni las anteriores
tal vez soy hija del Aqueloo
o de la luna en su cuarto agonizante.

Entre las gaviotas blancas, tampoco soy la negra, soy ocre,
como el color de las olas cuando retozan en la tierra,
con dejillo a chocolate que trae la corriente del niño a la punta
de Santa Elena,
con la furia del viento y el poder del mar.

Nativa de la magia de alguna roca
que le dio a Melpómene una sucesora rebelde,
con la fuerza de tormentas huracanadas
que chocan con los postigos,
espectro de piratas que profanaron virginales pieles,
violaron muelles y puertos sin piedad.

Amotinado tesoro entre líneas
de coplas que me pertenecen,
esas que el náufrago derramó
con tinta indeleble en mis pechos.

Tu respuesta

Que estoy dejando de callar que te amo
que me detienes la respiración
que atraen mi vida tus puertos tiranos
a donde siempre apuntó mi amante embarcación.
Fernando Delgadillo

Soy el lugar en el que te buscas y me hallas,
en el que nuestros demonios escudriñan y se comparan,
se reconocen y el amor los hace.
Soy el café de la mañana que se empapa en tu olfato
hasta que me arranca el silencio de tu sorbo,
me bebes despacio sin saber que recorro tus neuronas,
sé lo que llevas puesto en el alma, te leo…
Soy el poema que describe tu cuerpo y se deleita en tus valles
soy el atardecer de tu puerto, en el que te sientas a ver caer el día
soy la sábana que calienta tus tormentas y refresca tus dudas
soy la soledad de la que los dos estamos hechos.
Soy el cuaderno que ya tiene líneas para que traces tus miedos,
soy el postre que está listo para tu boca y no debes seguir al pie
de la letra la receta,
soy la aguja que perdiste en un pajar, el hilo desafinado de tu
canción,
soy el puente que te lleva a tus extremos,
el tren en el que has soñado cruzar montañas tejidas con
cuadros de colchas de azafrán.
Estoy aquí para no robarte nada y darte todo lo que el universo
te adeuda.

De gases nobles, astros y cielos

Y el Hidrógeno fue el principio
triste, tristísimo, ermitaño
en un infinito azabache,
en un agujero negro,
le faltaba un agujero blanco
con quien asemejarse,
sin saber si tenía pies, manos y cabeza,
ojos y una boca para besar,
unos labios de fuego que le muerdan,
que le desnuquen briosos.

Una anciana estrella
condolida con la soledad del Hidrógeno,
soledad negra, tan oscura y aislada,
en un acto de amor estalló,
le regaló una compañera
y el Hidrógeno la conoció a ella, Helio.

Helio tan fría y tan dulce
le dio muchos hijos: Plutón, Mercurio, el guerrero Júpiter.
Su hija la Tierra la más pródiga,
Venus, la diosa enamorada.
Saturno, y un tal Urano
y las estrellas resplandecieron,
centellearon, chispearon de efusión.
Y se formó el cosmos,
luego otros vapores llovieron tristeza con sabor a carbono,

llovieron cuando Caín mató a Abel,

se formaron los mares, lagos y ríos,

y el útero de la Tierra parió plantas, animales,

dio a luz a los fulanos y a las sultanas:

los humanos que son hijos del Verbo

y el Verbo se hizo semejante,

y así fue que doctos del dogma se inventaron un Adán y una Eva.

Cuando una estrella se va apagando

Confundida,
parecía estar en el cuarto creciente,
colgada en su mirada
como si el horizonte advirtiera
las ganas de ganar,
cansada de romperse
desorientada y sin apetito de hallarse.

Suspendida como luciérnaga
brillando sola, solita,
sin ganas de correr
sin descubrir un camino,
rebuscando entre matorrales
unos brazos abiertos
que le recluyan en arrumacos,
y unos ojos tapados
que espanten sus congojas,
y unos oídos mudos que atiendan su voz.

Pechos de invierno
que no han sentido el fuego de un torso
ni los cuadros de un vientre que une ombligos
de sábanas blancas que no conocen pecado
de aire que sofoca.
Sus manos no han tocado,
sus dedos se fueron de funeral,
las yemas sobreviven
a una reminiscencia aterciopelada.

Cachivachero

¿Aún te preguntas por qué te llaman cachivachero?
Llevas a cuestas vibraciones de incalculables pieles,
alma cargada de infinitos lamentos,
lencería de múltiples fragancias,
un corazón fragmentado de tacones aguja,
esclavo de ninguna dama,
señor de ángeles rasgados.

El invierno atenuó tu cabello
salivas por dermis frescas.
Cachivachero de despojos,
no son tuyos,
cada alma te dejó una lacra,
cada piel un estigma indiferente,
cada corazón roto, una astilla,
dime: si con tu colección desmembrada de cuerpos,
lograrás juntar todos los órganos,
reunir todos los miembros,
cuál dios de la perfidia creará a tu diva.

Sudadera verde

A Sebastián Toral-Arízaga

Otra tarde de viernes
llego a casa y me envuelvo en tu sudadera verde
esa que te encantaba y que odiabas lavar,
esa que amabas, después de amar.
Yo correteaba de la sala a la cocina
brincando sobre tus muebles,
atrapando besos mariposa,
incitándote con tu sudadera verde,
para que me desnudases una vez más.

Me regaste tu sudadera verde,
para quedarte en mi piel
«él, sabía que no me arropó lo suficiente»
Cada viernes me aferro a tu aroma.
Me visto de verde furia para sentirte cerquita,
de verde espera, oprimiendo el pecho,
para no rasgarme la ropa,
para no ahogarme en mi propio mar.

Tu sudadera verde es hoguera
cuando la nieve se esconde en los ojos,
me acurruco en el latido tibio de tu recuerdo,
me abrazo a tu fervor.
Me abrigo en tu desierto:
tan mustio, tan mío, tan de nosotros;
en tu sudadera verde brazos de sol
mi traje de viernes y domingo por la tarde,
mi cobija en las inclementes estaciones.

Atlas de mi constelación

Voy dejando estrellas
recados entre líneas,
símbolos cifrados,
para que rebusques
y tropieces con mi cuerpo:
en el sabor una burbuja salada,
en el fulgor una estela fugaz,
en los pensamientos ilícitos
que desafían al buqué de un buen vino,
como si mis labios te corroyeran
como si mis piernas te mordieran.

A veces, como cuando celebras mis orgasmos.
A voces, como la canción que desafinas en la ducha.
A versos, como la estría en la que dibujan nuestras cadencias.
A besos, como cuando me relames en tus labios.

Sigues mis surcos
como un mapa del tesoro:
te transporta a mi averno,
surcando montes titánicos que desafían al cielo,
venus que arden en vías lácteas
como si los astros te guiaran al nirvana.

Como se lee un mapamundi
en el que descubres los milagros fisiológicos,
como variante cartográfica
con los ojos vendados te esbozas,
esquivando los baches
te reconoces y me desentierras.

11.11

El onceavo día,
del onceavo mes
Yahveh te sacó una costilla
y me hizo a mí,
a tu medida
a mi antojo.

Tomó un puñado de tierra fértil
y me hizo histérica,
bóveda celestial, una matriz
para parir los hijos que no te puedo dar,
los tuve con la tentación de una manzana.

Moldeó pechos de sol
para amamantar tus versos,
con dos gotas de océano
me inventó llorona,
un poco de polvo saturno
para ser bruja y delirante
insolente y enérgica.
De verbo salvaje
de trances ajenos.

12.11

Apesadumbrado sin su costilla,
y yo recién salida del horno,
del paso por: el ímpeto,
del agua, de la tormenta.
No todo fue encallar
nos encontramos en esa playa,
náufragos carentes
el mar nos desvalijó la ropa;
los dos despedazados, rasgados,
la marea nos magulló contra las vetas,
ninguno se avergonzó de la desnudez,
el reptil nos purificó en el fuego del averno
expulsados del paraíso,
vomitados por el mar.

Olas desbocadas rozan con vehemencia esa playa
como si la sal nos fuera a inmolar.

13.11

Saqué mis raíces del barro
esparcí semillas en el Yanuncay
grité como huracán sin rumbo,
abrí las ramas secas, florecí.
La lluvia me trajo cuadernos
y tinta de savia para escribir
a seis letras tu puto nombre.

Lancé bengalas, a millares surgir
gritan que nos salves de esta soledad.
Los pies nos llevan al camino de la nada,
esperamos otro cuerpo depredador
que nos arranque la ropa,
que nos devore como bestia desaforada.

Serafín del averno

Ángel de alas desgarradas
y sueños deslustrados
arrastras la vida en tus plumas.

Arrulla mi alma en esta gélida noche,
a la oscura sombra de tus afectos,
besa mi frente cual prueba de fe
en medio de este adiós sin norte.

En mi sur tiritan tus versos
que son tan tuyos,
nacidos al oeste de mi pecho,
escritos en tu lápida,
despilfarrados por tu ausencia.

No escribiré más a tu nombre,
a tu estúpida y encantadora sonrisa,
a las tardes de placer y esperanza,
a esas letras que relatan tu encanto.

Magia, superstición o embrujo,
acarreas mis penas en tus alas rotas.

Duelo de almas

Las ciudades arropan sueños
en el brillo de las luciérnagas
en el canto de las cigarras.

Dime luna celestina de mis pasiones
en qué fuente celas mis deseos,
tu magia trae una sombra a mi lecho
¿a quién mi corazón ama?

Codicio comerme con los ojos
la ternura de tu rostro dormido.

Mi lugar favorito tu pecho cuarteado,
tan descocido como el mío
tan suturado como muchos.

Las ciudades confabulan con los amantes
guardan es sus calles lisonjas y caricias
sus muros ensordecen encandilados de romances.

Ciudad testigo de almas resilientes
de risas y placeres, de lamento y dolor
y a ti,
y a mí,
nos abandonó el amor.
Yace en un par de tumbas
frío se puso, como piedra caliza,
como un cielo sin color,
mustio,
como tú,
como yo.

Contra luz

Despierta, me enciende,
dibuja mi silueta
en el humo de un cigarro,
se mezcla en la neblina
de un sórdido amanecer.

Me vuelve a fumar
con una taza de café,
a sorbos besa mis labios.
Me aspira,
la ceniza cae,
se desploma mi vestido,
y enciende el apetito.
Mis formas se delinean
en bocanadas de humo.

Recorre la playa
sin perder de vista el horizonte
como si el mar me fuera a vomitar,
enciende otro cigarrillo
me adivina en señales,
como si yo pudiera leerlas.

El impío tiempo no sopla a favor,
las runas no son certeras,
él se consume la cajetilla entera
como rezando el rosario
y yo sin pecado, imaginada.

Cuando llega la noche
el fuego se apaga
como estrella agonizante,
el fervor se queda sentado
oteando en el viejo sofá,
en el que te amé,
en el que la marea subió
y fuimos tsunami,
el último tabaco
y nos vamos a la cama
a esperar que nos volvamos a amar
en esa playa, en ese sofá.

Fuimos el pasatiempo de Cupido

Escribí tu leyenda con polvo de estrellas,
en la Vía Láctea que dibuja tu demonio.
Venus se durmió en los brazos de Morfeo
y Cupido en el lugar equivocado,
el arquero se aturdió con tu sonrisa,
y te flechó con el alma equivocada.

Qué decir de Afrodita,
se drogó con amapola
o con polvo de luna llena,
se le olvidó encender las ganas.

Para cuando llegue el alba
la luna habrá enfriado nuestros deseos.
El amor se nos quedó extraviado, embelesado,
en la esquina del mercado.

Perro del hortelano

Te despides en el ocaso con un beso volado,
dejando la esperanza de un mañana en el cuerpo.

Al alba irrumpes por la ventana
con el primer rayo,
ráfaga de luz que desarropa el alma,
en un fragmento de universo
policromatizas mi día.

Muero de tu ausencia,
sobrevivo en la ternura de tu aroma
en la mitad de mi lecho
desfallece tu amor
mientras las sábanas resucitan a fervor.

Osado preguntas si escribí un verso,
las letras se fueron en tu piel
se enredaron en la plata de tus cabellos
tinta desagradecida, machetazo en el pecho…
… papel en blanco sin tinta, sin vos.

Bendita sed

Mientras pierdo el mundo en un suspiro
cual piadosa expiración de ecos en un momento casi agónico,
perfecto tacto desborda los límites entre la vida y la muerte
náufrago de oleadas y tormentas de pudor
prisionera mi alma se funde en tu mirada
tregua de latidos inhalan lujuria de mi adicción, tu droga.

Juegos intemperantes alborotan el alma
envidian nuestra irradiación en el estallido
hedonismo sin cinismo abre las puertas del nirvana,
el tiempo se torna etéreo y se inmovilizan los segundos
sucumbimos a las delicias terrenales,
entre telas de lino se tejen delicias.

Guardián lisonjero de fantasías fugaces e inmorales
molde de mi molde, hecho a mi medida,
dedos impacientes descifran deleites
labios de fuego graban tu doctrina,
danza sublime al compás de un silencio
solfeado por tu respiración y mi aliento,
pensamientos cincelados de morbo
nos facturan arrumacos al alba,
exquisitos misterios sin destino.

Me despido en una servilleta

Un cacho de luna colgado en tu infinito,
cuando lo aprietes en tus manos
sabes que cuentas conmigo
de una a diez
y de dos a nueve,
que te acompañe:
en tus fases lunares
en los días que son invierno,
en los ermitaños otoños,
cuando el alma añora nuestros abrazos
y el calor del cielo de tu lindo Quito.
Que las noches buenas
siempre te traigan grandiosos días.
Estoy comprando tiempo,
guardando tu deseo
para cuando necesites
gastarlo en tu catalán cielo.

Lloviznando fuego

Hay una fiera herida que me habita,
una noche sin sombra que me punza
facturando un enorme agujero, azul glacial
agujero lleno de soledad negra en mi pecho.

Por mis mejillas llueve la tinta verde
de los versos *cenicidas* que escribo,
en tormenta de mares muertos,
de dunas que te ocultan de mis sentidos
de soles caniculares de afectos que muerden.

La bestia que me habita
arde en el centro de mi plexo
como lava volcánica dormida
desesperada por vomitar
y, arrasar con los pantanos fétidos de la ingratitud.

Animal incendiado en furia
como si el infierno ardiera en tu puerta,
en tus fauces de lobo casi agónico,
casi desterrado.

Cuán putrefactos,
cuán oscuros
andan tus demonios merodeando mis soles,
asustando mis días felices.
¡Ya es hora de que te inhumes
en tu mundo de intrigas!
¡En tu mundo de mierda!

Líbrame de la bestia

Del árbol prohibido
coseché tus ganas,
en el otoño pisé
tus hojas muertas,
te escondes a la sombra de setas
ahuyentas a la bestia que me habita,
me llena de angustia,
le tengo miedo, casi terror.

Te mezclas entre
el crepúsculo de la bestia
y la sombra mía te suplica:
«Envuélveme en tu luz».
Te vuelves a esconder
en las hojas de mis libros,
en el vino que bebo
en copa desgastada,
y camino desnuda
sin dejar rastro,
tan solo voy abandonando
el aroma de mis versos.

Tambores al ritmo de África
danzan en mi máquina de latidos
cuando te siento cerca
en mi pluma,
en mis libros,
en mi cutícula,
en mis pupilas,
en mi silencio.

Las estelas del poeta

El capitán escribió ciento once cartas a Marisombra, de sus sortilegios, desde la popa hasta la proa, la amó sin coordenadas, de *boina gris y el corazón en calma*. Ella tan callada que parecía no estar presente y la voz del capitán nunca llegó a tocarla. Se quedó con la canción y el amor perdido en medio del océano.

Él se volvió devoto de una mujer que se envolvía en una gama infinita de lucecitas navideñas, ella, algo así como *Ayasofya*: indescifrable, impenetrable *color azul con pétalos y paseos al mar*. Trillado de la colopatía, huyó de la musa y, sin darse cuenta, dejó migajas de tal forma que ella localizó su rastro. Sin entender cómo la colorida estrella se cansó de hacer antesala, la dejó partir. Cuenta en su bitácora que la abandonó en barco desconocido. Un poco desconsolado, decía que la amaba, pero que no podía esperar a que su cuchillo le corte la garganta. La recuerda: *lágrimas terribles rodando sobre el rostro enharinado, continúan en mi memoria*.

Encalló en otro puerto, esperando encontrar un mascarón nuevo, que le permitiera viajar a nuevos mundos y olvidar amores rotos. El capitán nunca se durmió en un puerto, siempre halló la sazón en la sal de sus migraciones. Maruca, la gigante, la madre apurada: ¡*Oh, madre oscura, hiéreme con diez cuchillos en el corazón hacia ese lado, hacia ese tiempo claro*! Y ella no baila al son de las letras, no encaja con símbolos intelectuales, es como un dantesco poste en el que reposa a la sombra de sus infieles cuentos.

El capitán llegó a los treinta y perdió el rumbo —hasta el navío— por una sirena de cincuenta. Ella decía a viva voz: «*Caminó hacia mí, me miró. Entonces colocó su mano en mi hombro y nunca más la sacó de allí*». Dos décadas navegó con su Delia. El capitán llegó a la edad que ella tenía cuando se enamoró, hasta que encontró su molde y le calzó en el zapato.

Ella, joven, con nombre de mujer, con dulzura de piedra, de cabellera frondosa y alborotada. A su Matilde ofrendó un par de breves encuentros secretos para conquistarla para siempre. Berlín y sus terrazas encantadas, testigos del naufragio del capitán, anclado a una isla azabache.

«En unos días más, cuando la luna esté llena, quiero que nos casemos, porque nos va a nacer un hijo y debemos estar casados. Haremos una fiesta y nos casará la luna, hoy mandaré a hacer el anillo que usted llevará toda su vida».

Pasaron los días, no hubo traición o tormenta que los separase, ella lo veneró hasta el día en que sus ojos azules volvieron al mar de Isla Negra.

«¡Hasta pronto mi Patoja adorada, cuídese y cuídeme! Le mando millones de besos y algo».

Sudaca me llaman

Soy latinoamericana, comparto mi sangre entre el blanco y el indio, dividiendo mis genes mitad aborígenes, mitad venidos de Europa, busco mis raíces en ancestrales razas nacidas en la mitología de un lago o castillos carolingios.

Intuyo que fui cóndor que anidó en las alturas, surcando cielos con aroma a maíz, café y cacao, forastero me siento en espirales ibéricas, me impusieron un culto, para en su Nombre exterminar sin piedad a una casta de guerreros valientes, arquitectos que a lomo construyeron el incario, astrólogos que, con solo percibir el aroma del viento, sabían si venía una tormenta.

Amaron la Pachamama, con pasión fertilizaron su matriz, con granos que poseen aroma y alma.

Perdida me siento entre ángeles y santos de un tal Miguel Ángel, en la majestuosidad de la Sixtina. Extraña entre la opulencia de una ciudad que supuestamente es la del apóstol Pedro, ¿Acaso su filosofía fue esa?

Mortales vestidos con bordados de oro, aferrados a un cetro, representan a mi Jesús crucificado. ¿Quizá Él vino a morir para que estos dueños de la moral sean amos del capital más grande del mundo?

¡Malhechores! Que en nombre de Cristo degeneraron a mi estirpe, explotaron mi madre tierra, destruyeron los granos, a cambio me dieron esa hostia sagrada, símbolo infame del cuerpo de Cristo…

…dizque el pan que mi Latinoamérica espera comer mañana.

Hoy renazco mestiza, como raza nueva para cumplir mi destino, luchando por los ideales de un libertador para rescatar a mi pueblo.

Fui mata de maíz que regresó a la tierra escondiendo en mi sepulcro la fuerza de mi raza, aires de libertad viajando por bosques amazónicos, en el nombre de Atahualpa. Por esos Andes eternos fui leopardo, venado corriendo libre en el páramo, fui nieve, agua de río, nube, rocío, lluvia y tormenta sembrando muerte y frío. Fui Inti que trajo vida, calor y alegría y esperanza de fuego a esta nueva estirpe renaciente como el astro rey, deshipotecando nuestra herencia para no vivir como esclavos, con ideas oprimidas.

Mi Latinoamérica dividida en retazos, sembrada de rencores, instaurando fronteras entre pueblos hermanos, como hombre perdido, como pueblo dominado, como raza sin identidad, esclavizados en nuestro propio suelo.

Lee el caligrama de forma lineal acá:

Uróboros

Lee el caligrama de forma lineal acá:

Constelación

Lee el caligrama de forma lineal acá:

Tatuajes

Lee el caligrama de forma lineal acá:

Achiyaku

Lee el caligrama de forma lineal acá:

La prosa que no me atreví a declamar

Lee el caligrama de forma lineal acá:

Puedo confesar amor

LECTURAS RECOMENDADAS

Amante. Amor fugaz, soledad perenne (Ovidio Urbano Martínez)

The sea (Adrián Cerratto Quintana)

Mors Certa (Diego A. Ríos Derteano)

Orgasmos definitivos (Manuel Javier López Méndez)

Nueva vida (Diego Garrido)

Andanzas subterráneas (Juan Gutiérrez)

Caricias al alma (Ana Lilia Sosa Molina)